Serbian Reader

SADRŽAJ – САДРЖАЈ

Snežana Stefanović

Serbian Reading Book “Idemo dalje 3”

Level A2

Reading Texts in Latin and Cyrillic Script

Text copyright © 2018 Snežana Stefanović

Photo & cover design © 2018 Danilo Wimmer

All rights reserved.

The book, including its parts, is protected by copyright. Any exploitation is prohibited without the author's consent. This applies in particular to the electronic or other reproduction, translation, distribution and public access.

www.serbian-reader.com.

ISBN: 1726371050
ISBN-13: 978-1726371056

INTRODUCTION

The Serbian reader "Idemo dalje 3" for language level A2 contains two short stories as a reading text written in both of Serbian alphabets – the Latin and the Cyrillic. In this way the learner practices not only the vocabulary and the syntax of the Serbian language for the speaking level A2, it is also a good exercise of the Cyrillic alphabet at the same time. Grammatically, the texts and the topics are adapted especially for the language level A2 according to CEFR (Common European Framework of Reference for Languages). As further help and as an overview the table at the beginning of the book provides the Serbian Cyrillic alphabet. The vocabulary list in Serbian - English is located in the middle of the book.

1. Servis za čaj

Na stolu u lepo uređenoj sobi leži poslužavnik i na poslužavniku stoji servis za čaj. Servis za čaj se sastoji od: čajnika, posude za šećer, posude za mleko i šoljice.

No ovaj servis za čaj nije običan, ovaj servis za čaj je živ. Čajnik može da govori, posuda za šećer može da govori, posuda za mleko isto može da govori, a i šoljica može da govori. Oni imaju i svoja imena: gospodin Čajnik, gospođa Posuda za šećer, gospođa Posuda za mleko i dete Šoljica. Nebično društvo, ali zato veoma pričljivo.

Posuda za šećer ima pitanje:

- I? Onda? Kakvo je sada vreme napolju?

Mala Šoljica odlazi do ruba poslužavnika i gleda kroz prozor:

- Sada je sunčano napolju.

Posuda za šećer se smeška, ali Posuda za mleko je skeptična:

- Da? Ne verujem.

Ona je tako skeptična da sama odlazi da pogleda kroz prozor. Kratko promatra i onda mora da prizna:

- Hm ... Da, ipak je sunčano.

Veliki debeo Čajnik se javlja svojim dubokim glasom:

- Znači nije oblačno?

Posuda za šećer potvrđuje:

- Ne, nije oblačno. Sunčano je. Da, ja sam to i mislila. Sunčano, sunčano, divno sunčano. A kad sam to mislila, onda znači da sam bila u pravu. Da, moja prognoza je bila u pravu.

Posuda za mleko se sada oseća uvređenom:

- To uopšte nije bila tvoja prognoza! Ti nisi ništa rekla i ne možeš da kažeš da je tvoja prognoza bila tačna!

Posuda za šećer odgovara svojim slatkim smehom na provokaciju. Za nju je uvek sve simpatično i kada je u pravu i kad nije u pravu:

- Jesam, jesam!

Onda se javlja i veliki Čajnik. On je potajno zaljubljen u Posudu za šećer i sada govori ostalima:

- Mi volimo misli naše Posude za šećer. Njene misli su uvek tako slatke.

No Posuda za mleko nije oduševljena tom zajedničkom tezom:

- Ja ne volim kada je ona uvek u pravu. I ne volim kada ti kažeš da je ona uvek u pravu.

Posuda za šećer se opet smeje:

- Ah, draga moja, još uvek me ne voliš samo zato što ti nosiš mleko u sebi, a ja šećer?

- Kakve to sad ima veze?

- Ima, ima. To ima velike veze! – odgovara Posuda za šećer tako veselo da njena provokacija deluje još jače.

Posuda za mleko je ljuta:

- To nema nikakve veze što ja nosim mleko u sebi!

- Ima. – ne da se smesti Posuda za šećer. – Svi više vole šećer.

- Šećer nije zdrav kao mleko! Znači, ti si nezdrava. A ja sam zdrava.

- Kako, kako!? – Posuda za šećer je uzbuđena na tako direktnu uvredu:

- To nije istina! To je potpuno pogrešno! Kako si mogla tako nešto da izmisliš?

Na to se meša mala Šoljica:

- Prestanite, molim vas! Ne želimo opet svađu! Ko koga voli, o tome mi ne možemo da odlučujemo. Neko voli mleko, neko voli šećer. I u mleku ima šećera – on se zove mlečni šećer.

Posuda za šećer sada koristi priliku:

- Ali zato u šećeru nema mleka!

- Molim te, prestani! Zašto moraš uvek da budeš u pravu? – govori mala Šoljica ljutito Posudi za šećer.

I dobrodušni Čajnik sada uzdiše:

- Molim vas, niko nije u pravu! Svi smo u krivu! U redu?

Posuda za mleko ipak tiho dodaje:

- Ja ne volim kada je ona uvek u pravu.

Čajnik odgovara:

- Da li ti nju voliš ili ne, to nije važno. Ona ipak ima pravo – sad je sunčano, a ne oblačno. Opklada je njena.

Posuda za mleko gubi živce:

- I ja hoću da jednom dobijem opkladu! Ne može ona da dobije opkladu tek onda kada vidimo kakvo je vreme napolju! To mogu i ja da kažem samo da dobijem opkladu!

Posuda za šećer ignoriše napad i govori svojim slatkim glasom:

- Ja imam dobar nos za prognozu. Kad ja kažem, biće sunčano, onda će biti sunčano. Kad ja kažem biće kiša, onda će biti kiša.

Posuda za mleko uzvraća:

- Šta se praviš važna? Kao da sve znaš. Ti ne znaš sve. Prošlu subotu si rekla da je u sobi obrisana prašina. A nije bila!

- Bila je! Bila je! – uzvraća uzbuđeno Posuda za šećer.

Posuda za mleko govori s trijumfom na licu:

- Mali Srećko je došao i rekao: «Ne mogu dobro da dišem. Ovde ima puno prašine.» Znači, u sobi nije bila obrisana prašina!

- I šta je onda Đenis rekla na to? Naša domaćica? Naša vredna domaćica koja svaki dan čisti ovu sobu? – uzbuđeno govori Posuda za šećer.

- Šta je rekla? Nije ništa rekla! – osorno odgovara Posuda za mleko.

- Rekla je: «Ja sam ujutro obrisala svu prašinu u sobi. Znala sam da će mali Srećko da dođe u goste i znam da je on alergičan na prašinu. Sve sam obrisala, sav nameštaj, patos i ćilim.» Eto, to je rekla! Da, to je rekla! Znači, ja sam imala pravo.

Posuda za mleko kratko ćuti, a onda kaže:

- Ali danas nisi dobila opkladu! Ti nisi rekla unapred kakvo će da bude vreme.

Čajnik se opet meša da smiri situaciju:

- Molim, naša Posuda za šećer ipak zna puno. Iako je ujutro

bilo hladno, ona je pomislila da će poslepodne da bude sunčano. I sada jeste sunčano.

- Ali ona to nije rekla!

Čajnik govori mirno:

- Mi nismo neprijatelji, mi smo porodica. Zar ne? Mi smo servis za čaj i mi živimo zajedno. Mi delimo sve – i sreću i nesreću.

Posuda za mleko trese glavom:

- Ah, ona uvek ima sreću. Samo zato što je slatka.

Sada se javlja i mala Šoljica:

- Ja mislim da je vreme da se ukinu opklade! Samo se svađate kada se radi o opkladi. Ja to više ne mogu da slušam, a Čajnik mora posle da vas smiruje i onda mu je još slabo. Pogledajte kako se već uznojio!

Posuda za šećer gleda zabrinuto Čajnik:

- Oh ... Dragi moj, kako si?

Posuda za mleko počinje zlovoljno da imitira Posudu za šećer i pri tome da se kreveljі:

- «Oh, dragi moj, kako si?» ... Kako možeš biti tako dvolična? Tebe uopšte ne interesuje kako je njemu. Ti samo voliš da ti daje komplimente i da te brani.

- Ja nisam dvolična! Ja sam zabrinuta za Čajnik!

- Trebala si onda pre da budeš zabrinuta za njega, a ne sada, kada mu je loše nakon tvog cirkusa.

Posuda za šećer dolazi Čajniku:

- Dragi moj, kako mogu da ti pomognem?

Čajniku je drago zbog takve pažnje:

- Ah, ne znam ... Veoma mi je toplo, to je istina ...

Posuda za mleko govori Čajniku:

- Nemoj i ti sad da izmišljaš! Tebi je toplo i znojiš se jer imaš u sebi vreo čaj. Đenis nas je donela na sto pre deset minuta!

Čajniku je sada neugodno i da bi prikrio svoju neugodnost, on samo glasno kašlje.

Mala Šoljica se meša:

- On se znoji više nego obično! Njemu je zlo!

Čajnik želi da dovede situaciju u mirne vode:

- A gde je sada Đenis?

Svi se okreću i gledaju po sobi.

- Da, zašto Đenis nije tu? Gde je?

No njihovu pažnju prekida časovnik kukavica. Iz časovnika izlazi mala metalna ptica i najavljuje koliko je sati. Svi se okreću u njenom pravcu i onda kao da nije bilo ništa, svi uglas i zajedno broje:

- ... Jedan ... dva ... tri ... četiri ... pet! ... Vreme za čaj!

Mala Šoljica se smeje veselo kao što se deca smeju:

- Naravno da je vreme za čaj! Kako ste vi detinjasti! U Čajniku je čaj i mi smo u sobu da Đenis može da pije čaj.

Posuda za šećer se pita:

- Da li će Đenis sama da pije čaj?

Svadljiva Posuda za mleko spremno odgovara:

- Naravno da neće. Ona uvek pije čaj s Teodorom.

Mala Šoljica odgovara:

- Ali zašto sam onda samo ja na poslužavniku? Gde je šoljica za Teodora?

Sada svi ćute. Da, stvarno – gde je druga šoljica?

Dugo razmišljaju. Onda se javlja Čajnik:

- Ja mislim da on nije kod kuće.

Posuda za šećer se javlja:

- Nije kod kuće? Kako to misliš? Naravno da je kod kuće.

- Zašto onda nema šoljice za njega? Ha?

Šoljica postaje iznenada tužna:

- Možda on ne želi da pije čaj s Đenis.

Posuda za mleko se javlja:

- Ah, zašto on ne bi hteo da pije čaj s Đenis? Pa on je njen muž.

Mala Šoljica tiho govori:

- Možda on više ne voli Đenis.

Ta ideja se oseća kao bezglasna eksplozija na poslužavniku. Svi su šokirani – da Teodor više ne voli Đenis?! Je li to moguće?!

Čajnik kaže prvi:

- Ja mislim da to nije moguće. Teodor voli Đenis. On joj je prošlu nedelju rekao da je voli.

To je spasonosna misao i svi se sada smeškaju. Posuda za šećer govori posebno slatko i veselo:

- Naravno da Teodor voli Đenis! Oni su savršen par! Drugačije ne može biti!

Svi klimaju glavom i zadovoljni su sa zaključkom.

Onda Šoljica kaže:

- Ali zašto onda nema šoljice za njega?

Tišina.

Na to pitanje se očito mora odgovoriti ako se želi uživati u daljem životu kao servis za čaj.

Nakon kratkog javlja se Posuda za šećer:

- Znam! Šoljica za Teodora nije čista i zato nije na poslužavniku!

Posuda za mleko je gleda u neverici:

- Zašto ne bi bila čista? Đenis voli da nas pere. Zašto bi ona zaboravila šoljicu za Teodora?

Posuda za šećer govori:

- Možda ... možda ... možda Teodor upravo sada pere svoju šoljicu! Đenis ima puno posla, nije stigla da opere sve šoljice, Teodor je sada u kuhinji i doneće svoju čistu šoljicu.

Posuda za mleko shvata to kao izazov:

- Ja se kladim da Teodor nije u kuhinji!

Mala Šoljica je sada besna:

- Rekli smo da nema više opklada! Jasno?!

Posuda za mleko se odmah pravda:

- Pa dobro, nisam ja to mislila tako. Ja sam to rekla iz navike. Naravno da nećemo da se kladimo ... Uostalom, ja prva nisam za opklade, uvek ih izgubim. – govori Posuda za mleko i pri tome neprijateljski gleda Posudu za šećer.

Čajnik dolazi na novu ideju:

- Možda će Teodor da dođe kasnije. Sada je pet časova, Đenis voli da pije čaj u pet, a Teodor će da dođe posle.

Posuda za mleko odmah odgovara:

- A zašto bi on došao posle? Gde je on? I šta radi da ne može da pije čaj u pet?

Šoljica je sada u boljem raspoloženju:

- Možda oni više ne žele da piju čaj u pet. Đenis jeste Engleskinja, ali ni u Engleskoj se više ne pije čaj tačno u pet. Osim toga sve manje ljudi piju čaj, sve više se pije kafa. I onda su i oni odlučili da piju čaj malo kasnije. Oni žele biti moderni.

Posuda za mleko se čudi:

- Moderni? Hm ... Đenis ima pedeset godina, a Teodor malo više od nje. Zašto bi oni hteli da budu moderni?

Posuda za šećer odgovara:

- A zašto ne bi hteli da budu moderni? Ako imaju puno godina, ne znači da moraju da budu staromodni, konzervativni i da imaju prastare navike. Oni se ne ponašaju kao da imaju pedeset i više godina – oni se često smeju, pričaju viceve, idu na ples, vole da pevaju i vole da se kreću. Da ne znamo koliko imaju godina, mogli bismo da kažemo da su u pubertetu.

Posuda za mleko nema protuargument i zato pokušava da ide s diskusijom u drugi pravac:

- Zašto uopšte Đenis i Teodor piju čaj? Ako je tako kako naša mala Šoljica tvrdi – da se sada pije više kafa nego čaj – zašto onda oni ne piju kafu?

Posuda za šećer odgovara spremno:

- Zato što oni vole da nas koriste – mi smo veoma lepi servis za čaj.

Sada se javlja Čajnik. On briše znoj sa svog poklopca:

- To je istina. Ja sam veoma lepi čajnik. Đenis i Teodor su nas kupili samo zbog mene. Đenis je rekla: «Kako divno izgleda ovaj čajnik! Kao čajnik moje tetke.»

Svi se okreću Čajniku. On se smeška i izgleda sada, kad je obrisao znoj i bolje namestio svoj poklopac, kao velika sita beba. On dodaje:

- Ja sam čuo kako je Đenis jednom pričala o svojoj tetki i o njenom čaju. Đenis je svako leto provodila na selu i onda je skupljala s tetkom kamilicu. Posle su kamilicu sušili i pili čaj. I ja izgledam isto kao čajnik njene tetke.

Svi zavidno gledaju Čajnik i ćute. Svi se tačno sećaju da je Đenis upravo to rekla o Čajniku.

Onda progovara Posuda za mleko:

- I ja sam veoma lepa i fina posuda za mleko. Takve posude kao ja danas više nema da se kupe.

Na to naravno Posuda za šećer odmah govori:

- A ja sam veoma lepa posuda za šećer jer uvek dobijam opkladu.

Mala Šoljica baca tako otrovan pogled prema Posudi za šećer da se ova odmah ispravlja:

- Mislim ... hoću reći da sam ja lepa jer je šećer u meni uvek dugo svež. To danas više nije često s drugim posudama za šećer. One su možda nove, ali nisu funkcionalne. Ja sam i lepa i funkcionalna.

Onda Posuda za šećer gleda malu Šoljicu i dodaje:

– I ti si jako lepa šoljica.

Šoljica dodaje samouvereno:

- Ja sam lepa šoljica jer sam unikat.

Tu se javlja Čajnik:

- Unikat? Ti si unikat? ... Meni se ne čini da si ti unikat. Đenis ima još pet takvih šoljica kao ti.

Mala Šoljica guta knedlu i sada ona pokušava odvesti razgovor u drugi pravac:

- Pa gde je Teodor?

Posuda za mleko kaže:

- Da li se sećate da je on juče kašljao? Možda je bolestan.

Čajnik govori:

- Da, istina je. I njihova deca su zvala: Jovan je zvao i pitao je kako je on, a zvala je posle i Meg i želela je da zna da li je tati dobro.

Posuda za šećer govori opet samouvereno:

- Onda je jasno: on je sada kod lekara zbog kašlja.

Posuda za mleko odgovara:

- Ne verujem. Ne ide se kod doktora samo zbog kašlja. Za doktora se treba imati temperatura i treba se ležati u krevetu.

Čajnik na to ljutito gleda Posudu za mleko:

- Koja glupost!

Posuda za mleko to nije očekivala od Čajnika:

- Molim?!

- Kod lekara se ide zbog kašlja, to zna svako. Koliko puta su ljudi pili čaj iz našeg servisa i govorili: «Kako čaj prija mojem grlu! To je znak da moram lekaru.»

Posuda za mleko odgovara:

- To je samo jednom Meg rekla! Nisu rekli ljudi, nego samo Meg.

Čajnik odgovara:

- I Eva je juče rekla da on treba da ide doktoru.

Posuda za mleko i Posuda za šećer sada gledaju Čajnik.

Kratka tišina.

- Misliš na ONU Evu? – pita Posuda za šećer.

Čajnik klima glavom, a Posuda za mleko kaže:

- Ja ne volim tu Evu. Ona uvek koketira i uvek sedi veoma blizu Teodora na kauču. Ona je udovica i da sam ja Đenis, ja ne bih dozvolila da ona tako često dolazi kod njih.

Mala Šoljica dodaje:

- Ni ja ne volim Evu, ali ona je Đenisina najbolja drugarica.

Posuda za šećer govori:

- Možda je Eva otela Teodora i drži ga u svom stanu?

Svi se okreću prema Posudi za šećer, gledaju ju je, a onda se čuje jednosložni i veseo: Hahahahahahahahaha ...

Posuda za šećer se ne da smesti:

- Znate šta je ona rekla juče dok su pili čaj, a Đenis je otišla na kratko iz sobe? ... Znate šta? ... Ne znate. Da. Rekla je strašnu stvar. Stra-šnu!

Čajnik, Posuda za mleko i mala Šoljica prestaju da se smeju jer je pitanje interesantno, a znatiželja je njihova slaba tačka:

- Šta? Šta je rekla? ...

Posuda za šećer čeka kratko da njena izjava dobije na važnosti, a onda objašnjava polutiho da bi izjava bila još dramatičnija:

- Rekla je ... Da bi mogli zajedno da se nađu negde napolju na kafi.

Tišina.

Teodor i Eva?! Ne, to ne može biti istina.

Posuda za mleko pita:

- I šta je Teodor rekao na to?

Posuda za šećer čeka kratko da bi opet dobila potpunu pažnju i onda odgovara:

- Rekao je: Može ... I da će da pita Đenis da li i ona želi da pije kafu vani.

Svi se sada osećaju spašeni: Da, naravno, Teodor neće da ide nikuda bez svoje Đenis. Huh, dobro je!

Mala Šoljica govori:

- Ma da, Eva nema šanse! Može da priča šta hoće, ali Teodor je veran svojoj Đenis.

No Posuda za mleko kratko razmišlja pa kaže:

- Da, to je bilo juče. A šta je danas?

Posuda za šećer pita:

- Danas? Šta je s danas? Kako to misliš?

Posuda za mleko objašnjava:

- Razmislite! Eva je juče to pitala, a danas je samo jedna šoljica na poslužavniku.

Čajnik je sada uzbuđen:

- I šta bi to trebalo da znači po tebi?

Sada Posuda za mleko uživa u pozornosti drugih, kao što je

malopre uživala u pozornosti Posuda za šećer. Sada i ona polutiho kaže:

- Možda oni sada piju kafu vani. Bez Đenis.

To izaziva pobunu na poslužavniku i svi govore istovremeno i veoma glasno:

- To je bezobrazno! Veoma! Mi moramo da kažemo Đenis da Eva ne sme više da dolazi kod nas u goste! ... I treba odmah da nazove Teodora! On nema pojma u kakvoj je opasnosti! ... Đenis, naša jadna Đenis! ... Evu bi trebalo da se zatvori, da dođe policija da je odvedu u zatvor! ... Teodor nije njen muž! On voli da pije čaj iz našeg servisa, a ne iz nekog drugog servisa! ... Taj drugi servis je sigurno star, ružan i smrdi! Trebalo bi da se osnuje inspekcija za servise za čajeve! Stari servisi - u smeće! ... Bezobrazluk! To je - čisti bezobrazluk!

Još jedno vreme svi su ljuti na situaciju, psuju i prete glasno i uzbuđeno.

Onda se postepeno smiruju. Da, tu ne može da se mnogo napravi. Život je nepredvidljiv i ne može da se kontroliše. Ljudi nisu servis za čaj, oni ne gledaju na stvari tako jednostavno, ljudi uvek imaju duga objašnjenja i neobične razloge za svoja ponašanja.

Svi su na kraju ućutali. Svako je bio udubljen u svoje misli.

I onda - kao da se čekao novi dramatični moment u potpunoj tišini - ulazi Đenis u sobu.

U rukama nosi topli kolač i stavlja ga na sto, kraj poslužavnika. Naslanja ruku na čajnik i govori naglas:

- Naravno, već se ohladio. Ne razumem zašto se kolač pekao duže nego obično. Dok sam čekala da se ispeče do kraja, čaj se već ohladio.

Đenis se okreće prema sobnim vratima i viče:

- Teodore, čaj je već hladan!

Čeka kratko, a onda se čuje Teodorov glas s gornjeg sprata stana:

- Nema veze. Ja volim i hladan čaj.

Đenis dodaje:

- Ako hoćeš, skuvaću ponovo čaj.

- Ne, ne treba. – odgovara Teodor.

I onda i Teodor ulazi u sobu. Đenis dodaje:

- Bolje je topao čaj za tvoj kašalj.

- Moj kašalj već prolazi.

- Stvarno? – pita Đenis.

- Da. Dobro je da smo danas išli s Evom na pijacu. To je izgleda pomoglo iako je ujutro bilo prohladno.

- A ja sam mislila da ćeš još više da se prehladiš.

- I ja.

- Sedi da popijemo čaj. Vidiš kako nas verno čeka.

- Rado.

- ... Gde je tvoja šoljica?

- Ne znam.

- Izgleda da sam zaboravila da je stavim na poslužavnik.

- Ti samo sedi. Ja idem po nju u kuhinju.

- U redu.

2. Voće na klupi

Mlada devojka je sela na klupu i odložila svoju veliku korpu punu voća. U korpi je bilo najmanje kilogram narandži, oko kilogram šljiva i na vrhu je ležala mala mandarina. Mandarina je bila poklon prodavačice jer je mlada devojka kupila dva kilograma voća kod nje.

Mala Mandarina se pomaknula. Mlada devojka to nije primetila, ona je pričala s nekim na mobilni živo i veselo. Mala Mandarina je kratko promatrala devojku, a onda je skočila iz korpe na klupu. Ni to devojka nije primetila. Mala Mandarina se nasmejala: da, izaći iz korpe je lepa avantura.

Na klupi uz korpu su ležale novine. Mala Mandarina je došla do novina i gledala je naslove na novinama. Slova su bila velika i crna, a fotografije šarene.

I onda su se novine pomaknule. Same od sebe! Mala Mandarina je uplašeno gledala novine. Novine su se umirile i Mandarina je pomislila da joj se verovatno učinilo da su se novine pomaknule.

Ali onda su se novine opet pomaknule. Mala Mandarina je sada čula i nešto kao uzdah. Pravi uzdah.

- Ko je tu? – rekla je Mandarina hrabro.

Nije bilo odgovora.

Mandarina je čekala kratko, a onda je primila kraj novina i podignula ih je. Ispod novina je ležala stara kruška i spavala.

"Kruška? Zašto kruška spava ispod novina?", pomislila je Mandarina.

Mandarina je gledala krušku. Onda ju je zaobišla i pogledala sa svih strana. Kruška je hrkala.

Mandarina je rekla:

- Zdravo!

Kruška nije reagovala na njen pozdrav.

Mandarina je rekla glasnije:

- Zdravo!

Kruška je malo otvorila oči, pogledala Mandarinu, promrmljala nešto i opet zatvorila oči.

Mandarina ju je kratko promatrala, a onda je rekla:

- Šta radiš?

Kruška nije reagovala.

Mandarina je zato ponovila pitanje:

- Šta radiš?

Kruška je otvorila oči, pogledala ju je ljutito i onda opet zatvorila oči.

Mandarina je nastavila s pitanjima:

- Da li spavaš?

Kruška sada nije otvorila oči nego je mala Mandarina čula ponovo njeno mrmljanje. Onda se Kruška okrenula na drugu stranu.

Mandarina ju je gledala, a onda je otišla isto na stranu na koju se Kruška okrenula.

- Dobar dan! – rekla je Mandarina.

Kruška je opet nešto promrmljala i onda se ponovo okrenula na drugu stranu.

Mala Mandarina ju je sledila. "Kako neobično!", pomislila je mala Mandarina.

- Šta radiš? Spavaš? – ponovila je Mandarina.

Kruška je ćutala, ali sada je bilo očito da je bila budna i da je samo oči držala zatvorene.

Mandarina je ponovila svoje pitanje:

- Da li spavaš?

Kruška je otvorila oči i zlovoljno rekla:

- Šta hoćeš?

- Da li spavaš?

Kruška ju je gledala veoma ružno:

- Sada više ne spavam.

Mandarina je došla bliže Krušci:

- Zašto spavaš na klupi?

- A zašto se ti ne igraš s drugim mandarinama?

Mandarina je ipak htela odgovor na svoje pitanje:

- Zašto spavaš na klupi?

Kruška ju je gledala, a onda je rekla više za sebe:

- Ah, koja dosadna mandarina...

Mandarina je mirno promatrala Krušku.

Kruška se sada uspravila na klupi. Novine su skliznule s nje i pale na pod.

Mala Mandarina je pogledala novine, a onda pitala:

- Da li čitaš novine?

Kruška je uzvratila ne previše ljubazno:

- Vidiš da ne čitam novine.

- Kako se zovu novine? - pitala je Mandarina mirno.

Kruška ju je gledala i nije razumela zašto ona pita takva pitanja.

Mandarina je dodala:

- Ja sam oduvek htela da čitam novine, ali nisam naučila da čitam.

- Naučila da čitaš? Otkad mandarine čitaju?

Mandarina se nasmejala:

- Ne čitaju. Ja bih bila prva koja bi naučila da čita.

- A zašto bi naučila da čitaš?

Mandarina se opet nasmejala:

- To je mnogo uzbudljivo. Tamo gde sam pre živela - kod Živane i Vladana - ležala sam na novinama. I bilo je jako lepo - ležala sam na velikim lepim fotografijama. Veoma volim miris novina. I zato bih htela da naučim da čitam. Mora da nešto veoma interesantno stoji u novinama kad ima takve fotografije.

Kruška je odgovorila:

- E pa sada nećeš moći da naučiš da čitaš. Novine su pale na pod, a meni ne pada na pamet da idem po njih.

Mandarina je rekla:

- Da li ti znaš da čitaš?

Kruška je kratko pogledala malu Mandarinu, a onda rekla:

- Znam.

- Gde si naučila da čitaš?

- Da li ti uvek imaš tako puno pitanja?

- Gde si naučila da čitaš? – Mandarina se nije dala smesti kad je htela odgovor.

- Šta ti zapravo hoćeš od mene?

- Zašto spavaš na klupi?

- Zašto pitaš?

Mandarina je kratko gledala Krušku, a onda rekla:

- Ja ne poznajem nikoga ko spava napolju, na klupi.

- ... Ne? A gde ti spavaš?

Mandarina je sela uz Krušku.

- Ja spavam u kući. – rekla je Mandarina.

- A tako ... A gde je tvoja kuća?

- Pre sam živela kod Živane i Vladana, a sada ću da stanujem kod Tanje.

- Hm ...

Kruška se sada osetila sama na svetu. «Da, živeti u kući kod nekoga, to je veoma lepo.», pomislila je Kruška.

- Ko je Tanja? – pitala je Kruška.

Mala Mandarina je pokazala prstom na devojku na klupi koja je još uvek telefonirala.

- To je Tanja. Ona ima šesnaest godina i živi u malom stanu. Ona nas je kupila na pijaci. Zapravo mene nije kupila, mene je dobila na poklon.

- Odakle sve to znaš o Tanji?

- Tanja je veoma pričljiva. Ona je razgovarala sa Živanom na pijaci i ja sam saznala sve o njoj.

- Šta je pričala? – sada je Kruška bila znatiželjna.

- Pričala je da više nema svežeg voća kod kuće, a da Živana ima lepe narandže i predivne šljive.

- Narandže i šljive?

- Da, vidiš ih? U korpi su. Narandže spavaju kao uvek, a šljive maštaju kao uvek.

- Da? ... Zašto?

Mandarina je pogledala Krušku i nasmejala se:

- Zašto narandže spavaju kao uvek, a šljive maštaju kao uvek?

- Da.

- Narandže vole da spavaju jer su pune soka i taj im sok tako udari u glavu da ne mogu mnogo da misle. Samo traže neko lepo mesto da mogu da spavaju. Mnogi misle da su narandže stalno pijane, ali ja mislim da one imaju problema s krvnim pritiskom. A šljive maštaju jer su jako ambiciozne.

- Šljive su ambiciozne? – ponovila je Kruška iznenađeno.

- Da, one maštaju da postanu voćke. Svaka šljiva želi da postane voćka. To im je u krvi. Ako staviš košticu šljive u zemlju, odmah izraste drvo. To uopšte nije problem. Problem je u tome što sve koštice ne uspevaju da dođu do zemlje. Nemaju sve šansu da izrastu u drvo. I zato maštaju o tome.

- Oh, nisam znala ... – rekla je Kruška.

- A ti? – pitala je mala Mandarina.

- ... Šta je sa mnom?

- Gde si ti kod kuće?

Kruška je napravila malu pauzu, a onda rekla:

- Ja nemam kuću.

- Nemaš kuću? Zašto nemaš kuću?

Kruška je uzdahnula:

- Zato jer sam stara.

- Ne razumem.

Kruška je sada postala nervozna:

- Šta ne razmeš? Staro voće nema kuću.

- Kod Živane i Vladana je živelo i staro voće. Bilo je puno starih jabuka. Vladan je uvek odvajao stare jabuke od svežih.

- Ali one sigurno nisu dugo živele u kući. Kad je voće staro, onda mora da se baci u smeće.

Mandarina se začudila:

- U smeće? Zašto u smeće? Živana i Vladan nisu nikada bacili voće u smeće.

- Ne? Kako to?

- Živana i Vladan su uvek nešto napravili od voća. I od starog i od mladog, nisu ga samo prodavali. Pekli su gibanicu od jabuka, napravili kompot od šljiva, pekmez od narandža, marmeladu od kajsija. I onda su svi uživali.

- A od krušaka kao ja? Šta su napravili od starih krušaka?

Mala Mandarina je odgovorila:

- Oni su stavili kruške u tortu.

- Ah da?

- Da.

Sada je Kruška razmišljala. Nakon kratkog je pitala:

- A Tanja? ...

- ... Da?

- Šta ona radi s kruškama?

- Ona ima odlične recepte za tortu od krušaka.

- Otkud znaš?

- Čula sam kako je razgovarala sa Živanom na pijaci. Rekla je da je prošlu subotu potrošila zadnju staru krušku za tortu, da je isprobala još jedan recept. Ona skuplja recepte za voćne torte. Njena torta u subotu se zvala «Torta s pametnim kruškama».

Kruška se sada počela da smeje:

- «Torta s pametnim kruškama»? ... Kako je to smešno ime! ... Hahahahaha ... Tako se ne zovu torte! ... Torte se zovu «Voćna torta» ili «Torta od krušaka», ali se ne zovu tako smešno kako si ti rekla! ... Kako glupo! ...

Mandarina je uzvratila sasvim ozbiljno:

- Tako je Tanja rekla.

Kruška se i dalje smejala, a Mandarina je dodala:

- I sve njene drugarice i drugovi su rekli da je torta bila odlična.

- To si sve izmislila, zar ne?

- Zašto bih to izmislila? – rekla je mala Mandarina.

Kruška je sada postala ozbiljna, a onda je rekla s uzdahom:

- Ne znam. Mlado voće voli da izmišlja stvari.

Mandarina je začuđeno pogledala Krušku:

- Hm ... Ja poznajem puno mladih narandži i puno mladih

šljiva, ali one ne izmišljaju ... Ali kod dunja je stvar drugačija. One vole da izmišljaju stvari.

- Dunje?

- Da.

- Zašto vole da izmišljaju?

- Ja mislim zbog pega koje dobivaju. Dunje, kad su stare, dobivaju pege.

- I ja već imam pege.

- Da, ali ti ne izmišljaš laži. Ti ne govoriš kako su pege zaštita od sunca. Je li tako?

- Tako je. Pege su znak da sam stara.

- Eto vidiš. – zadovoljno se nasmejala mala Mandarina.

Kruška je je pogledala ozbiljno:

- Šta je tu smešno?

- Drago mi je da govoriš istinu. To znači da više ličiš na mandarine, a ne na dunje ... Reci mi, kako si ti došla do klupe?

Kruška je pogledala malu Mandarinu, a onda rekla:

- Tja ... Ja sam živela u stanu s puno dece i bilo je jako lepo. Starija deca su svaki dan čitala mlađoj deci i ja sam tako naučila da čitam. Jedan dan su roditelji išli s decom na igralište i poneli su mnogo voća sa sobom. Deca su se igrala i povremeno jela voće. Ali nisu uspela da pojedu svo voće i roditelji su odlučili da voće više ne nose nazad kući.

- I?

Kruška je uzdahnula:

- I onda su me ostavili tu na klupi.

- Oh ...

- Da. – potvrdila je tiho Kruška.

- Zar ti roditelji u tvojoj kući nisu imali recept za tortu od krušaka?

- Ne, oni nemaju recepte za tortu od krušaka. Oni bacaju staro voće u smeće. Ponekad bacaju u smeće i mlado voće. Oni ponekad kupe previše voća i onda bacaju voće od pre u smeće.

Mandarina je imala sada velike oči:

- Ozbiljno?

Kruška je opet uzdahnula:

- Da ...

Mandarina je bila u šoku:

- Pa to je strašno! ...

Kruška je ćutala. Mandarina je gledala Krušku i nije znala šta da kaže.

Nakon nekog vremena Kruška je tužno rekla:

- A sada želim da spavam dalje ... Možeš da se igraš s drugim voćem?

Mandarina se nije micala.

- Trebam mira. Molim te, idi da se igraš ... – rekla je Kruška.

Mandarina je sada rekla odlučnim glasom:

- Ne.

- Šta – ne?

- Ti ne možeš da spavaš ovde.

- Izgleda da mogu. – odgovorila je Kruška.

Mandarina je ustala:

- Ti ćeš da ideš sa mnom kod Tanje. Tamo, kod Tanje, možeš da živiš s nama u korpi za voće.

Kruška je ćutala i gledala malu Mandarinu, a ova je nastavila:

- U petak Tanja slavi rođendan i želi da napravi voćnu tortu za goste.

- Otkud ti to sada? – čudila se Kruška.

- Čula sam kad je usput razgovarala mobilnim sa svojom mamom.

- Hm ... Jesi sigurna? Onaj ko ima šesnaest godina, taj ne slavi rođendan petkom. On slavi rođendan u subotu i ima veliku žurku. To znam jer sam to čula od mojih bivših vlasnika. Njihovo najstarije dete je takođe imalo šesnaest godina i inzistiralo je da slavi rođendan u subotu. Roditelji su morali s drugom decom da idu kod babe i dede da bi stan bio slobodan za proslavu.

- Tanja će da ima isto veliku proslavu u subotu, ali samo za svoje vršnjake. Gosti u petak su njena rodbina, stariji ljudi. Za njih će da pravi voćnu tortu.

Kruška je dalje razmišljala naglas:

- Ali ona sigurno ima dosta voća za voćnu tortu. Pogledaj koliko je samo kupila narandži i šljiva.

- Ona je rekla da treba da kupi još kruške za tortu ... A ti si tu!

- Misliš da će ona da stavi jednu staru krušku u tortu?

- O da! Ona je rekla: «Stare kruške su posebno slatke i zato su najbolje za torte.»

- To kaže?

- Da ... Idemo?

Kruška se nećkala:

- Pa ne znam ...

- Šta ne znaš? Tanja je ekspert za hranu.

- Da? Otkud?

Mandarina je odmah objasnila:

- Ona ide u školu za kuvarice, ona zna mnogo o voću, o tortama i o kuvanju.

- Oh ... Stvarno?

- Da, da. I to je Tanja ispričala Živani na pijaci. Kako ima nameru da otvori lepu poslastičarnicu kad završi školu. Sada Tanja već peče torte za celu familiju, za komšiluku i za slavlja svojih drugarica. Ona skuplja tradicionalne recepte, ali ima i recepte koje je sama izmislila.

- Da?

- Da. I ne samo to. Ona ima na internetu svoj sajt i tamo su fotografije svih torti koje je ona ispekla.

Kruška je bila impresionirana.

- Znaš, ti imaš veliku sreću. – rekla je Kruška.

Mandarina je odgovorila:

- Da, ali i ti sada imaš sreću jer možeš da ideš s nama kod Tanje.

- Hm ... pa onda ...

Mala Mandarina se nasmejala:

- Onda idemo!

Sad se Kruška prvi put nasmejala:

- Dobro.

Mandarina se okrenula prema korpi i pokazala prstom:

- Vidiš onu narandžu koja se nagnula preko ruba korpe?

- Da, vidim. – rekla je Kruška.

- Ti ćeš da mi pomogneš da je probudim da ne bi pala iz korpe.

- U redu.

Mandarina je dodala:

- Znaš, mi smo sada jedna porodica i moramo da pazimo jedni na druge.

Kruška se nasmejala jer joj je bilo drago da je to čula. Ustala je i krenula s malom Mandarinom prema korpi.

- Hoćeš onda da me naučiš da čitam? – pitala je Mandarina Krušku.

- Hoću. – rekla je Kruška

Onda je pomislila kako je lepo biti stara kruška.

The texts «Servis za čaj» and «Voće na klupi» in Cyrillic alphabet

The alphabet in Latin and Cyrillic script

A, a	B, b	C, c	Č, č	Ć, ć	D, d
= А, а	= Б, б	= Ц, ц	= Ч, ч	= Ћ, ћ	= Д, д

Đ, đ	Dž, dž	E, e	F, f	G, g	H, h
= Ђ, ђ	= Џ, џ	= Е, е	= Ф, ф	= Г, г	= Х, х

I, i	J, j	K, k	L, l	Lj, lj	M, m
= І, і	= Ј, ј	= К, к	= Л, л	= Љ, љ	= М, м

N, n	Nj, nj	O, o	P, p	R, r	S, s
= Н, н	= Њ, њ	= О, о	= П, п	= Р, р	= С, с

Š, š	T, t	U, u	V, v	Z, z	Ž, ž
= Ш, ш	= Т, т	= У, у	= В, в	= З, з	= Ж, ж

1. Сервис за чај

На столу у лепо уређеној соби лежи послужавник и на послужавнику стоји сервис за чај. Сервис за чај се састоји од: чајника, посуде за шећер, посуде за млеко и шољице.

Но овај сервис за чај није обичан, овај сервис за чај је жив. Чајник може да говори, посуда за шећер може да говори, посуда за млеко исто може да говори, а и шољица може да говори. Они имају и своја имена: господин Чајник, госпођа Посуда за шећер, госпођа Посуда за млеко и дете Шољица. Необично друштво, али зато веома причљиво.

Посуда за шећер има питање:

- И? Онда? Какво је сада време напољу?

Мала Шољица одлази до руба послужавника и гледа кроз прозор:

- Сада је сунчано напољу.

Посуда за шећер се смешка, али Посуда за млеко је скептична:

- Да? Не верујем.

Она је тако скептична да сама одлази да погледа кроз прозор. Кратко проматра и онда мора да призна:

- Хм ... Да, ипак је сунчано.

Велики дебео Чајник се јавља својим дубоком гласом:

- Значи није облачно?

Посуда за шећер поврђује:

- Не, није облачно. Сунчано је. Да, ја сам то и мислила. Сунчано, сунчано, дивно сунчано. А кад сам то мислила, онда значи да сам била у праву. Да, моја прогноза је била у праву.

Посуда за млеко се сада осећа увређеном:

- То уопште није била твоја прогноза! Ти ниси ништа рекла и не можеш да кажеш да је твоја прогноза била тачна!

Посуда за шећер одговара својим слатким смехом на провокацију. За њу је увек све симпатично и када је у праву и кад није у праву:

- Јесам, јесам!

Онда је се јавља и велики Чајник. Он је потајно заљубљен у Посуду за шећер и сада говори осталима:

- Ми волимо мисли наше Посуде за шећер. Њене мисли су увек тако слатке.

Но Посуда за млеко није одушевљена том заједничком тезом:

- Ја не волим када је она увек у праву. И не волим када ти кажеш да је она увек у праву.

Посуда за шећер се опет смеје:

- Ах, драга моја, још увек ме не волиш само зато што ти носиш млеко у себи, а ја шећер?

- Какве то сад има везе?

- Има, има. То има велике везе! – одговара Посуда за шећер тако весело да њена провокација делује још јаче.

Посуда за млеко је љута:

- То нема никакве везе што ја носим млеко у себи!

- Има. – не да се смести Посуда за шећер. – Сви више воле шећер.

- Шећер није здрав као млеко! Значи, ти си нездрава. А ја сам здрава.

- Како, како?! – Посуда за шећер је узбуђена на тако директну увреду:

- То није истина! То је потпуно погрешно! Како си могла тако нешто да измислиш?

На то се меша мала Шољица:

- Престаните, молим вас! Не желимо опет свађу! Ко кога воли, о томе ми не можемо да одлучујемо. Неко воли млеко, неко воли шећер. И у млеку има шећера – он се зове млечни шећер.

Посуда за шећер сада користи прилику:

- Али зато у шећеру нема млека!

- Молим те, престани! Зашто мораш увек да будеш у праву? – говори мала Шољица љутито Посуди за шећер.

И добродушни Чајник сада уздише:

- Молим вас, нико није у праву! Сви смо у криву! У реду?

Посуда за млеко ипак тихо додаје:

- Ја не волим када је она увек у праву.

Чајник одговара:

- Да ли ти њу волиш или не, то није важно. Она ипак има право – сад је сунчано, а не облачно. Опклада је њена.

Посуда за млеко губи живце:

- И ја хоћу да једном добијем опкладу! Не може она да добије опкладу тек када видимо какво је време напољу! То могу и ја да кажем само да добијем опкладу!

Посуда за шећер игнорише напад и говори својим слатким гласом:

- Ја имам добар нос за прогнозу. Кад ја кажем, биће сунчано, онда ће бити сунчано. Кад ја кажем биће киша, онда ће бити киша.

Посуда за млеко узвраћа:

- Шта се правиш важна? Као да све знаш. Ти не знаш све. Прошлу суботу си рекла да је у соби обрисана прашина. А није била!

- Била је! Била је! – узвраћа узбуђено Посуда за шећер.

Посуда за млеко говори с тријумфом на лицу:

- Мали Срећко је дошао и рекао: ″Не могу добро дисати. Овде има пуно прашине.″ Значи, у соби није била обрисана прашина!

- И шта је онда Ђенис рекла на то? Наша домаћица? Наша вредна домаћица која сваки дан чисти ову собу? – узбуђено говори Посуда за шећер.

- Шта је рекла? Није ништа рекла! – осорно одговара Посуда за млеко.

- Рекла је: ″Ја сам ујутро обрисала сву прашину у соби. Знала сам да ће мали Срећко да дође у госте и знам да је он алергичан на прашину. Све сам обрисала, сав намештај, патос и ћилим.″ Ето, то је рекла! Да, то је рекла! Значи, ја сам имала право.

Посуда за млеко кратко ћути, а онда каже:

- Али данас ниси добила опкладу! Ти ниси рекла унапред какво ће да буде време.

Чајник се опет меша да смири ситуацију:

- Молим, наша Посуда за шећер ипак зна пуно. Иако је ујутро било хладно, она је помислила а ће послеподне да буде сунчано. И сада јесте сунчано.

- Али она то није рекла!

Чајник говори мирно:

- Ми нисмо непријатељи, ми смо породица. Зар не? Ми смо сервис за чај и ми живимо заједно. Ми делимо све – и срећу и несрећу.

Посуда за млеко тресе главом:

- Ах, она увек има срећу. Само зато што је слатка.

Сада се јавља и мала Шољица:

- Ја мислим да је време да се укину опкладе! Само се свађате кад је у питању опклада. Ја то више не могу да слушам, а Чајник мора после да вас смирује и онда му је још слабо. Погледајте како се већ узнојио!

Посуда за шећер гледа забринуто Чајник:

- Ох ... Драги мој, како си?

Посуда за млеко почиње зловољно да имитира Посуду за шећер и при томе да се кревељи:

- ″Ох, драги мој, како си?″ ... Како можеш бити тако дволична? Тебе уопште не интересује како је њему. Ти само волиш да ти даје комплименте и да те брани.

- Ја нисам дволична! Ја сам забринута за Чајник!

- Требала си онда пре да будеш забринута за њега, а не сада, када му је лоше након твпг циркуса.

Посуда за шећер долази Чајнику:

- Драги мој, како могу да ти помогнем?

Чајнику је драго због такве пажње:

- Ах, не знам ... Јако ми је топло, то је истина ...

Посуда за млеко говори Чајнику:

- Немој и ти сад да измишљаш! Теби је топло и знојиш се јер имаш у себи врео чај. Ђенис нас је донела на сто пре десет минута!

Чајнику је сада неугодно и да би прикрио своју неугодност, он се само гласно накашљава.

Мала Шољица се меша:

- Он се зноји више него обично! Њему је зло!

Чајник жели да доведе ситуацију у мирне воде:

- А где је сада Ђенис?

Сви се окрећу и гледају по соби.

- Да, зашто Ђенис није ту? Где је?

Но њихову пажњу прекида часовник кукавица. Из часовника излази мала метална птица и најављује колико је сати. Сви се окрећу у њеном правцу и онда као да није било ништа, сви углас и заједно броје:

- ... Један ... два ... три ... четири ... пет! ... Време за чај!

Мала Шољица се смеје весело као што се деца смеју:

- Наравно да је време за чај! Како сте ви детињати! У Чајнику је чај и ми смо донешени у собу да Ђенис може да пије чај.

Посуда за шећер се пита:

- Да ли ће Ђенис сама да пије чај?

Свадљива Посуда за млеко спремно одговара:

- Наравно да неће. Она увек пије чај с Теодором.

Мала Шољица одговара:

- Али зашто сам онда само ја на послужавнику? Где је шољица за Теодора?

Сада сви ћуте. Да, стварно – где је друга шољица?

Дуго размишљају. Онда се јавља Чајник:

- Ја мислим да он није код куће.

Посуда за шећер се јавља:

- Није код куће? Како то мислиш? Наравно да је код куће.

- Зашто онда нема шољице за њега? Ха?

Шољица постаје изненада тужна:

- Можда он не жели да пије чај с Ђенис.

Посуда за млеко се јавља:

- Ах, зашто он не би хтео да пије чај с Ђенис? Па он је њен муж.

Мала Шољица тихо говори:

- Можда он више не воли Ђенис.

Та идеја се осећа као безгласна експлозија на послужавнику. Сви су шокирани – да Теодор више не воли Ђенис?! Је ли то могуће?!

Чајниk се јавља први:

- Ја мислим да то није могуће. Теодор воли Ђенис. Он јој је прошлу недељу рекао да је воли.

То је сада спасоносна мисао и сви се одједном смешкају. Посуда за шећер говори посебно слатко и весело:

- Наравно да Теодор воли Ђенис! Они су савршен пар! Другачије не може бити!

Сви климају главом и задовољни су са закључком.

Онда Шољица каже:

- Али зашто онда нема шољице за њега?

Тишина.

На то питање се очито мора одговорити ако се жели уживати у даљем животу као сервис за чај.

Након кратког јавља се Посуда за шећер:

- Знам! Шољица за Теодора није чиста и зато није на послужавнику!

Посуда за млеко је гледа у неверици:

- Зашто не би била чиста? Ђенис воли да нас пере. Зашто би она заборавила да опере шољицу за Теодора?

Посуда за шећер говори:

- Можда ... можда ... можда Теодор управо сада пере своју шољицу! Ђенис има пуно посла, није стигла да опере све шољице, Теодор је сада у кухињи и донеће своју чисту шољицу.

Посуда за млеко схвата то као изазов:

- Ја се кладим да Теодор није у кухињи!

Мала Шољица је сада бесна:

- Рекли смо да нема више опклада! Јасно?!

Посуда за млеко се одмах правда:

- Па добро, нисам ја то мислила тако. Ја сам то рекла из навике. Наравно да нећемо да се кладимо ... Уосталом, ја прва нисам за опкладе, увек из изгубим. – говори Посуда за млеко и при томе непријатељски гледа Посуду за шећер.

Чајник долази на нову идеју:

- Можда ће Теодор да дође касније. Сада је пет часова, Ђенис воли да пије чај у пет, а Теодор ће да дође после.

Посуда за млеко одмах одговара:

- А зашто би он дошао после? Где је он? И шта ради да не може да пије чај у пет?

Шољица је сада у бољем расположењу:

- Можда они више не желе да пију чај у пет. Ђенис јесте Енглескиња, али ни у Енглеској се више не пије чај тачно у пет. Осим тога све мање људи пију чај, све више се пије кафа. И онда су и они одлучили да пију чај мало касније. Они желе бити модерни.

Посуда за млеко се чуди:

- Модерни? Хм ... Ђенис има педесет година, а Теодор мало више од ње. Зашто би они хтели да буду модерни?

Посуда за шећер одговара:

- А зашто не би хтели да буду модерни? Ако имају пуно година, не значи да морају да буду старомодни, конзервативни и да имају прастаре навике. Они се не понашају као да имају педесет и више година – они се често смеју, причају вицеве, иду на плес, воле да певају и воле да се крећу. Да не знамо колико имају година, могли бисмо да кажемо да су у пубертету.

Посуда за млеко нема протуаргумент и зато покушава да иде с дискусијом у други правац:

- Зашто уопште Ђенис и Теодор пију чај? Ако је тако како наша мала Шољица тврди – да се сада пије више кафа него чај – зашто онда они не пију кафу?

Посуда за шећер одговара спремно:

- Зато што они воле да нас користе – ми смо веома лепи сервис за чај.

Сада се јавља Чајник. Он брише капљице зноја са свог поклопца:

- То је истина. Ја сам веома лепи чајник. Ђенис и Теодор су нас купили само због мене. Ђенис је рекла: ″Како дивно изгледа овај чајник! Као чајник моје тетке.″

Сви се окрећу Чајнику. Он се смешка и изгледа сада, кад је обрисао зној и боље наместио свој поклопац, као велика сита беба. Он додаје:

- Ја сам чуо како је Ђенис једном причала о својој тетки и о њеном чају. Ђенис је свако лето проводила на селу и онда је скупљала с тетком камилицу. После су камилицу сушили и пили чај. И ја изгледам исто као чајник њене тетке.

Сви завидно гледају Чајник и ћуте. Сви се тачно сећају да је Ђенис управо то рекла о Чајнику.

Онда проговара Посуда за млеко:

- И ја сам веома лепа и фина посуда за млеко. Такве посуде као ја данас више нема да се купе.

На то наравно Посуда за шећер одмах говори:

- А ја сам веома лепа посуда за шећер јер увек добијам опкладу.

Мала Шољица баца тако отрован поглед према Посуди за шећер да се ова одмах исправља:

- Мислим ... хоћу рећи да сам ја лепа јер је шећер у мени увек дуго свеж. То данас више није случај с другим посудама за шећер. Оне су можда нове, али нису функционалне. Ја сам и лепа и функционална.

Онда Посуда за шећер гледа малу Шољицу и додаје:

- И ти си јако лепа шољица.

Шољица додаје самоуверено:

- Ја сам лепа шољица јер сам уникат.

Ту се накашљава Чајник:

- Уникат? Ти си уникат? ... Мени се не чини да си ти уникат. Ђенис има још пет таквих шољица као ти.

Мала Шољица сада гута кнедлу и сада она покушава одвести разговор у други правац:

- Па где је Теодор?

Посуда за млеко каже:

- Да ли се сећате да је он јуче кашљао? Можда је болестан.

Чајник говори:

- Да, истина је. И њихова деца су звала: Јован је звао и питао је како је он, а звала је после и Мег и желела је да зна да ли је тати добро.

Посуда за шећер говори опет самоуверено:

- Онда је јасно: он је сада код лекара због кашља.

Посуда за млеко одговара:

- Не верујем. Не иде се код доктора само због кашља. За доктора се треба имати температура и треба се лежати у кревету.

Чајник на то љутито гледа Посуду за млеко:

- Која глупост!

Посуда за млеко то није очекивала од Чајника:

- Молим?!

- Код лекара се иде због кашља, то зна свако. Колико пута су људи пили чај из нашег сервиса и говорили: "Како чај прија мојем грлу! То је знак да морам лекару."

Посуда за млеко одговара:

- То је само једном Мег рекла! Нису рекли људи, него само Мег.

Чајник одговара:

- И Ева је јуче рекла да он треба да иде доктору.

Посуда за млеко и Посуда за шећер упућују значајни поглед Чајнику.

- Мислиш на ОНУ Еву? – пита Посуда за шећер.

Чајник клима главом, а Посуда за млеко каже:

- Ја не волим ту Еву. Она увек кокетира у увек седи веома близу Теодора на каучу. Она је удовица и да сам ја Ђенис, ја не бих дозволила да она тако често долази код њих.

Мала Шољица додаје:

- Ни ја не волим Еву, али она је Ђенисина најбоља другарица.

Посуда за шећер говори:

- Можда је Ева отела Теодора и држи га у свом стану?

Сви се окрећу према Посуди за шећер, гледају је у чуду, а онда се чује једносложни и отегнути: Хахахахахахаха ...

Посуда за шећер се не да смести:

- Знате шта је она рекла јуче док су пили чај, а Ђенис је отишла на кратко из собе? ... Знате шта? ... Не знате. Да. Рекла је страшну ствар. Стра-шну!

Чајник Посуда за млеко и мала Шољица престају да се смеју јер је питање интересантно, а знатижеља њихова слаба тачка:

- Шта? Шта је рекла? ...

Посуда за шећер чека кратко да њена изјава добије на важности, а онда објашњава полутихо да би изјава била још драматичнија:

- Рекла је ... Да би могли заједно да се нађу негде напољу на кафи.

Тајац.

Теодор и Ева?! Не, то не може бити истина.

Посуда за млеко пита:

- И шта је Теодор рекао на то?

Посуда за шећер чека часак да би опет добила потпуну пажњу и онда одговара:

- Рекао је: Може ... И да ће да пита Ђенис да ли има воље да пије кафу вани.

Сви се сада осећају спашени: Да, наравно, Теодор неће да иде никуда без своје Ђенис. Хух, добro је!

Мала Шољица говори:

- Ма да, Ева нема шансе! Може да прича шта хоће, али Теодор је веран својој Ђенис.

Но Посуда за млеко кратко размишља па каже:

- Да, то је било јуче. А шта је данас?

Посуда за шећер пита:

- Данас? Шта је с данас? Како то мислиш?

Посуда за млеко објашњава:

- Размислите! Ева је јуче то питала, а данас је само једна

шољица на послужавнику.

Чајник је сада узбуђен:

- И шта би то требало да значи по теби?

Сада Посуда за млеко ужива у позорности других, као што је малопре уживала у позорности Посуда за шећер. Сада и она полутихо каже:

- Можда они сада пију чај вани. Без Ђенис.

То изазива побуну на послужавнику и сви говоре исторемено и веома гласно:

- То је безобразно! Веома! Ми морамо да кажемо Ђенис да Ева не сме више да долази код нас у госте! ... И треба одмах да назове Теодора! Он нема појма у каквој је опасности! ... Ђенис, наша јадна Ђенис! ... Еву би требало да се затвори, да се пошаље полиција да је одведу у затвор! ... Теодор није њен муж! Он воли да пије чај из нашег сервиса, а н из неког другог сервиса! ... Тај други сервис је сигурно стар, полупан и смрди! Требало би да се оснује инспекција за сервисе за чајеве! Стари сервиси – у смеће! ... Безобразлук! То је – чисти безобразлук!

Још једно време сви су љути на ситуацију , псују и прете гласно и узбуђено.

Онда се постепено смирују. Да, ту не може да се много направи. Живот је непредвидљив и не може да се контролише. Људи нису сервис за чај, они не гледају на ствари тако једноставно, људи увек имају дуга објашњења и необичне разлоге за своја понашања.

Сви су на крају ућутали. Свако је био удубљен у своје мисли.

И онда – као да се чекао нови драматични момент у потпуној тишини – улази Ђенис у собу.

У рукама носи топли колач и ставља га на сто, крај послужавника. Наслања руку на чајник и говори наглас:

- Наравно, већ се охладио. Не разумем зашто се колач пекао дуже него обично. Док сам чекала да се испече до краја, чај се већ охладио.

Ђенис се окреће према собним вратима и виче:

- Теодоре, чај је већ хладан!

Ослушкује кратко, а онда се чује Теодоров глас с горњег спрата стана:

- Нема везе. Ја волим и хладан чај.

Ђенис додаје:

- Ако хоћеш, скуваћу поново чај.

- Не, не треба. – одговара Теодор.

И онда и Теодор улази у собу. Ђенис додаје:

- Боље је топао чај за твој кашаљ.

- Мој кашаљ већ пролази.

- Стварно? – пита Ђенис.

- Да. Добро је да смо данас ишли с Евом на пијацу. То је изгледа помогло иако је ујутро било прохладно.

- А ја сам мислила да ћеш још више да се прехладиш.

- И ја.

- Седи да попијемо чај. Видиш како нас верно чека.

- Радо.

- ... Где је твоја шољица?

- Не знам.

- Изгледа да сам заборавила да је ставим на послужавник.

- Ти само седи. Ја идем по њу у кухињу.

- У реду.

2. Воће на клупи

Млада девојка је села на клупу и одложила своју велику корпу пуну воћа. У корпи је било најмање килограм наранџи, око килограм шљива и на врху је лежала мала мандарина. Мандарина је била поклон продавачице јер је млада девојка купила два килограма воћа код ње.

Мала Мандарина се помакнула. Млада девојка то није приметила, она је причала с неким на мобилни живо и весело. Мала Мандарина је кратко проматрала девојку, а онда је скочила из корпе на клупу. Ни то девојка није приметила. Мала Мандарина се насмејала: да, изаћи из корпе је лепа авантура.

На клупи из корпу су лежале новине. Мала Мандарина је дошла до новина и гледала наслове у новинама. Слова су била велика и црна, а фотографије шарене.

И онда су се новине помакнуле. Саме од себе! Мала Мандарина је уплашено гледала новине. Новине су се умириле и Мандарина је помислила да јој се вероватно учинило да су се новине помакнуле.

Али онда су се новине опет помакнуле. Мала Мандарина је сада чула и нешто као уздах. Прави уздах.

- Ко је ту? – рекла је Мандарина храбро.

Није било одговора.

Мандарина је чекала кратко, а онда је примила крај новина и

подигнула их је. Испод новина је лежала стара крушка и спавала.

"Крушка? Зашто крушка спава испод новина?", помислила је Мандарина.

Мандарина је гледала крушку. Онда ју је заобишла и погледала са свих страна. Крушка је хркала.

Мандарина је рекла:

- Здраво!

Крушка није реаговала на њен поздрав.

Мандарина је рекла гласније:

- Здраво!

Крушка је мало отворила очи, погледала Мандарину, промрмљала нешто и опет затворила очи.

Мандарина ју је кратко проматрала, а онда рекла:

- Шта радиш?

Крушка није реаговала.

Мандараин је зато поновила питање:

- Шта радиш?

Крушка је отворила очи, погледала ју је љутито и онда опет затворила очи.

Мандарина је наставила с питањима:

- Да ли спаваш?

Крушка сада није отворила очи него је мала Мандарина чула поново њено мрмљање. Онда се Крушка окренула на другу страну.

Мандарина ју је гледала, а онда је отишла исто на страну на коју се Крушка окренула.

- Добар дан! – рекла је Мандарина.

Крушка је опет нешто промрмљала и онда се поново окренула на другу страну.

Мала Мандарина ју је следила. ″Како необично!″, помислила је мала Мандарина.

- Шта радиш? Спаваш? – поновила је Мандарина.

Крушка је ћутала, али сада је било очито да је била будна и да је само очи држала затворене.

Мандарина је поновила своје питање:

- Да ли спаваш?

Крушка је отворила очи и зловољно рекла:

- Шта хоћеш?

- Да ли спаваш?

Крушка ју је гледала веома ружно:

- Сада више не спавам.

Мандарина је дошла ближе Крушци:

- Зашто спаваш на клупи?

- А зашто се ти не играш с другим мандаринама?

Мандарина је ипак хтела одговор на своје питање:

- Зашто спаваш на клупи?

Крушка ју је гледала, а онда је рекла више за себе:

- Ах, која досадна мандарина ...

Мандарина је мирно проматрала Крушку.

Крушка се сада усправила на клупи. Новине су склизнуле с ње и пале на под.

Мала Мандарина је погледала новине, а онда питала:

- Да ли читаш новине?

Крушка је узвратила не превише љубазно:

- Видиш да не читам новине.

- Како се зову новине? – питала је Мандарина мирно.

Крушка ју је гледала и није разумела зашто она пита таква питања.

Мандарина је додала:

- Ја сам одувек хтела да читам новине, али нисам научила да читам.

- Научила да читаш? Откад мандарине читају?

Мандарина се насмејала:

- Не читају. Ја бих била прва која би научила да чита.

- А зашто би научила да читаш?

Мандарина се опет насмејала:

- То је много узбудљиво. Тамо где сам пре живела – код Живане и Владана – лежала сам на новинама. И било је јако лепо – лежала сам на великим лепим фотографијама. Веома волим мирис новина. И зато бих хтела да научим да читам. Мора да нешто веома интересантно стоји у новинама кад има тако лепе фотографије.

Крушка је одговорила:

- Е па сада нећеш моћи да научиш да читаш. Новине су пале на под, а мени не пада на памет да идем по њих.

Мандарина је питала:

- Да ли ти знаш да читаш?

Крушка је кратко погледала малу Мандарину, а онда рекла:

- Знам.

- Где си научила да читаш?

- Да ли ти увек имаш тако пуно питања?

- Где си научила да читаш? – Мандарина се није дала смести кад је хтела одговор.

- Шта ти заправо хоћеш од мене?

- Зашто спаваш на клупи?

- Зашто питаш?

Мандарина је кратко гледала Крушку, а онда рекла:

- Ја не познајем никога ко спава напољу, на клупи.

- ... Не? А где ти спаваш?

Мандарина је села уз Крушку.

- Ја спавам у кући. – рекла је Мандарина.

- А тако ... А где је твоја кућа?

- Пре сам живела код Живане и Владана, а сада ћу да станујем код Тање.

- Хм ...

Крушка се сада осетила сама на свету. "Да, живети у кући код некога, то је лепо.", помислила је Крушка.

- Ко је Тања? – питала је Крушка.

Мала Мандарина је показала прстом на девојку на клупи која је још увек телефонирала.

- То је Тања. Она има шеснаест година и живи у малом стану. Она нас је купила на пијаци. Заправо мене није купила, мене је добила на поклон.

- Одакле све то знаш о Тањи?

- Тања је веома причљива. Она је разговарала са Живаном на пијаци и ја сам сазнала све о њој.

- Шта је причала? – сада је Крушка била знатижељна.

- Причала је да више нема свежег воћа код куће, а да Живана има лепе наранџе и предивне шљиве.

- Наранџе и шљиве?

- Да, видиш их? У корпи су. Наранџе спавају као увек, а шљиве маштају као увек.

- Да? ... Зашто?

Мандарина је погледала Крушку и насмејала се:

- Зашто наранџе спавају као увек, а шљиве маштају као увек?

- Да.

- Наранџе воле да спавају јер су пуне сока и тај им сок тако udari у главу да не могу много да мисле. Само траже неко лепо место да спавају. Многи мисле да су наранџе углавном пијане, али ја мислим да оне имају проблема с крвним притиском. А шљиве маштају јер су јако амбициозне.

- Шљиве су амбициозне? – поновила је Крушка изненађено.

- Да, оне маштају да постану воћке. Свака шљива жели да постане воћка. То им је у крви. Ако ставиш коштицу шљиве у земљу, одмах израсте дрво. То уопште није проблем. Проблем је у томе што све коштице не успевају да дођу до земље. Немају све шансу да израсту у дрво. И зато маштају о томе.

- Ох, нисам знала ... – рекла је Крушка.

- А ти? – питала је мала Мандарина.

- ... Шта је са мном?

- Где си ти код куће?

Крушка је направила малу паузу, а онда рекла:

- Ја немам кућу.

- Немаш кућу? Зашто немаш кућу?

Крушка је уздахнула:

- Зато јер сам стара.

- Не разумем.

Крушка је сада постала нервозна:

- Шта не разумеш? Старо воће нема кућу.

- Код Живане и Владана је живело и старо воће. Било је пуно старих јабука. Владан је увек одвајао старе јабуке од свежих.

- Али оне сигурно нису дуго живеле у кући. Кад је воће старо, онда мора да се баци у смеће.

Мандарина се зачудила:

- У смеће? Зашто у смеће? Живана и Владан нису никада бацили воће у смеће.

- Не? Како то?

- Живана и Владан су увек нешто направили од воћа. И од старог и од младог, нису га само продавали. Пекли су гибаницу од јабука, направили компот од шљива, пекмез од наранџа, мармеладу од кајсија. И онда су сви уживали.

- А од крушака као ја? Шта су направили од старих крушака?

Мала Мандарина је одговорила:

- Они су ставили крушке у торту.

- Ах да?

- Да.

Сада је Крушка застала и размишљала. Након кратког је питала:

- А Тања? ...

- ... Да?

- Шта она ради с крушкама?

- Она има одличне рецепте за торту од крушака.

- Откуд знаш?

- Чула сам како је разговарала са Живаном на пијаци. Рекла је да је прошлу суботу потрошила задњу стару крушку за торту, да је испробала још један рецепт. Она скупља рецепте за воћне торте. Њена торта у суботу се звала ″Торта с паметним крушкама″.

Крушка се сада почела да смеје:

- ″Торта с паметним крушкама″? ... Како је то смешно име! ... Хахахахаха ... Тако се не зову торте! ... Торта се зове ″Воћна торта″ или ″Торта од крушака″, али се не зову тако смешно како си ти рекла! ... Како глупо! ...

Мандарина је узвратила сасвим озбиљно:

- Тако је Тања рекла.

Крушка се и даље смејала, а Мандарина је додала:

- И све њене другарице и другиви су рекли да је торта била одлична.

- То си све измислила, зар не?

- Зашто бих то измислила? – рекла је мала Мандарина.

Крушка је сада постала озбиљна, а онда је рекла с уздахом:

- Не знам. Младо воће воли да измишља ствари.

Мандарина је зачуђено погледала Крушку:

- Хм ... Ја познајем пуно младих наранџи и пуно младих шљива, али оне не измишљају ... Али код дуња је ствар другачија. Оне воле да измишљају ствари.

- Дуње?

- Да.

- Зашто воле да измишљају?

- Ја мислим због пега које добивају. Дуње, кад су старе, добивају пеге.

- И ја већ имам пеге.

- Да, ли ти не иизмишљаш лажи. Ти не говориш како су пеге заштита од сунца. Је ли тако?

- Тако је. Пеге су знак да сам стара.

- Ето видиш. – задовољно се насмејала мала Мандарина.

Крушка ју је погледала озбиљно:

- Шта је ту смешно?

- Драго ми је да говориш истину. То значи да више личиш на мандарине, а не на дуње ... Реци ми, како си ти дошла до клупе?

Крушка је погледала малу Мандарину, а онда рекла:

- Тја ... Ја сам живела у стану с пуно деце и било је јако лепо. Старија деца су сваки дан читала млађој деци и ја сам тако научила да читам. Један дан су родитељи ишли с децом на игралиште и понели су много воћа са собом. Деца су се играла и повремено јела воће. Али нису успела да поједу сво воће и родитељи су одлучили да воће више не носе назад кући.

- И?

Крушка је уздахнула:

- И онда су ме оставили ту на клупи.

- Ох ...

- Да. – потврдила је тихо Крушка.

- Зар ти родитељи у твојој кући нису имали рецепт за торту од крушака?

- Не, они немају рецепте за торту од крушака. Они бацају старо воће у смеће. Понекад бацају у смеће и младо воће. Они понекад купе превише воћа и онда бацају воће од пре у смеће.

Мандарина је застала:

- Озбиљно?

Крушка је опет уздахнула:

- Да ...

Мандарина је била у шоку:

- Па то је страшно! ...

Крушка је ћутала. Мандарина је гледала Крушку и није знала шта да каже.

Након неког времена Крушка је тужно рекла:

- А сада желим да даље спавам ... Можеш да се играш с другим воћем?

Мандарина се није мицала.

- Требам мира. Молим те, иди да се играш ... – рекла је Крушка.

Мандарина је сада рекла одлучним гласом:

- Не.

- Шта – не?

- Ти не можеш да спаваш овде.

- Изгледа да могу. – одговорила је Крушка.

Мандарина је устала:

- Ти ћеш да идеш са мном код Тање. Тамо, код Тање, можеш да

живиш с нама у корпи за воће.

Крушка је ћутала и гледала малу Мандарину, а ова је наставила:

- У петак Тања слави рођендан и жели да направи воћну торту за госте.

- Откуд ти то сада? – чудила се Крушка.

- Чула сам кад је успут разговарала мобилним са својом мамом.

- Хм ... Јеси сигурна? Онај ко има шеснаест година, тај не слави рођендан петком. Он слави рођендан у суботу и има велику журку. То знам јер сам то чула од мојих бивших власника. Њихово најстарије дете је такође имало шеснаест година и инзистирало је да слави рођендан у суботу. Родитељи су морали с другом децом да иду код бабе и деде да би стан био слободан за прославу.

- Тања ће да има исто велику прославу у суботу, али само за своје вршњаке. Гости у петак су њена родбина, старији људи. За њих ће да прави воћну торту.

Крушка је даље размишљала наглас:

- Али она сигурно има доста воћа за воћну торту. Погледај колико је само купила наранџи и шљива.

- Она је рекла да треба да купи још крушке за торту ... А ти си ту!

- Мислиш да ће она да стави једну стару крушку у торту?

- О да! Она је рекла: ″Старе крушке су посебно слатке и зато су најбоље за торте″.

- То каже?

- Да ... Идемо?

Крушка се нећкала:

- Па не знам ...

- Шта не знаш? Тања је експерт за храну.

- Да? Откуд?

Мандарина је одмах објаснила:

- Она иде у школу за куварице, она зна много о воћу, о тортама и о кувању.

- Ох ... Стварно?

- Да, да. И то је Тања испричала Живани на пијаци. Како има намеру да отвори лепу посластичарницу кад заврши школу. Сада Тања већ пече за целу фамилију, за комшилук и за славља својих другарица. Она скупља традиционалне рецепте, али има и рецепте које је сама измислила.

- Да?

- Да. И не само то. Она има на интернету свој сајт и тамо су фотографије свих торти које је она испекла.

Крушка је била импресионирана.

- Знаш, ти имаш велику срећу. – рекла је Крушка.

Мандарина је одговорила:

- Да, али и ти сада имаш срећу јер можеш да идеш са нама код Тање.

- Хм ... па онда ...

Мала Мандарина је рекла:

- Онда идемо!

Крушка се сада први пут насмејала:

- Добро.

Мандарина се окренула према корпи и показала прстом:

- Видиш ону наранџу која се нагнула преко руба корпе?

- Да, видим. – рекла је Крушка.

- Ти ћеш да ми помогнеш да је пробудим да не би пала из корпе.

- У реду.

Мандарина је додала:

- Знаш, ми смо сада једна продица и морамо да пазимо једни на друге.

Крушка се насмејала јер јој је било драго да је то чула. Устала је и кренула с малом Мандарином према корпи.

- Хоћеш онда да ме научиш да читам? – питала је Мандарина Крушку.

- Хоћу. – рекла је Крушка.

Онда је помислила како је лепо бити стара крушка.

Vocabulary

Abbreviations:
acc. – accusative
coll. – colloquial language
dat. – dative
f – female
gen. – genitive
inf. – infinitive
inst. – instrumental
loc. – locative
m – male
n - neuter
N – nominative
pfv. a. – perfective aspect
pl. – plural
PPA – past participle active
sg. – singular
voc. – vocative

A

ako – when, if
ambiciozan, ambiciozna (m/f) – ambitious
avantura – adventure

B

bacati, ja bacam – to throw (away)
baciti, ja bacim (*pfv. a.*) – to throw (away); baciti u smeće – to dump sth.
beba – baby
besan, besna, besno (m/f/n) – angry, mad
bezglasan, bezglasna (m/f) – soundless
bezobrazluk – impertinence, cheek
bezobrazno – cheeky, insolent, naughty
biće = to će biti – it will be
bivši, bivša, bivše (m/f/n) – former
bliže – closer

blizu – close
bolestan, bolesna, bolesno (m/f/n) – ill
bolje – better
braniti, ja branim – to defend, to come to so.´s defence
brojati, ja brojim – to count
budan, budna, budno (m/f/n) – awake

C
cirkus – circus

Č
čajnik – teapot
časovnik kukavica – cuckoo clock
čekati, ja čekam – to wait
često – often
čist, čista, čisto (m/f/n) – clean
čistiti, ja čistim – to clean, to tidy up
čitati, ja čitam – to read
čuditi se, ja se čudim – to wonder
čuti, ja čujem – to hear

Ć
ćilim – carpet
ćutati, ja ćutim – to keep silent

D
da – yes; that; if, when
dalji – further
danas – today
dati, ja dajem (*pfv. a.*) – to give
debeo, debela, debelo (m/f/n) – thick, fat
deliti, ja delim – to share
delovati, ja delujem – to appear, to seem
dete (pl. deca) – child

detinjast, detinjasta (m/f) - childish
devojka - young woman
disati, ja dišem - to breath
divno - beautifully
dobiti, ja dobijem - to get
dobrodušni (m) - warm-hearted
doći u goste - to visit
doći, ja dođem (*pfv. a.*) - to come, to approach
dodati, ja dodajem - to add
dok - during, while
domaćica - housewife
doneće šoljicu = on će da donese šoljicu - he will bring a cup
dosadan, dosadna, dosadno (m/f/n) - boring
došla - come; inf. doći, ja dođem (*pfv. a.*) - to come
dovesti, ja dovedem (*pfv. a.*) - to bring, to manage; dovesti razgovor u mirne vode (*phrase*) - to calm down the conversation
dozvoliti, ja dozvolim - to let
drago → drago mu je - he is glad
drug (pl. drugovi) - friend (*male*)
drugačije - different
drugarica - friend (*female*)
drvo - tree
držati, ja držim - to hold
dubok, duboka, duboko (m/f/n) - deep
dug, duga, dugo (m/f/n) - long
dunja - quince
duže - longer
dvoličan, dvolična, dvolično (m/f/n) - hypocritical, false-faced

E

e pa - (*used as emphasis of statement*) well, than, but
ekspert - expert
Engleskinja - English woman
eto - please

eto vidiš! – here we go!

F

fin, fina, fino (m/f/n) – fine
funkcionalan, funkcionalna (m/f) – functional, practical

G

gibanica – strudel
glas – voice
glasnije – louder
glasno – loud
glava – head
glupo – stupid, silly
glupost – nonsense
gornji (m) – upper
gospođa – Mrs
gospodin – Mr
gost – guest; doći u goste – to visit
grlo – throat
gubiti, ja gubim – to lose; gubiti živce – to lose one´s nerve
gutati, ja gutam – to swallow; gutati knedlu (*phrase*) – to have a lump in one´s throat

H

hladan, hladna, hladno (m/f/n) – cold
hladno – cold
hrabro – brave
hrana – food, dish
hrkati, ja hrčem – to snore

I

i – and; also, too
iako – althought
ignorisati, ja ignorišem – to ignore

igralište - playground
igrati se, ja se igram - to play
ima - there is
imati, ja imam - to have
ime (pl. imena) - name
interesovati se, ja se interesujem - to be interested
ipak - however, but, only
ispeći, ja ispečem (*pfv. a.*) - to bake
ispekla - baken; inf. ispeći, ja ispečem (*pfv. a.*) - to bake
ispod - under, below
ispravljati, ja ispravljam - to correct
ispričati, ja ispričam (*pfv. a.*) - to tell
isprobati, ja isprobam (*pfv. a.*) - to try sth. out
istina - truth; to nije istina - that´s not truth
istovremeno - at the same time
izaći, ja izađem (*pfv. a.*) - to go out
izazov - challenge
izgledati, ja izgledam - to look (nice/bad etc.)
izgubiti, ja izgubim (*pfv. a.*) - verlieren
izgubiti, ja izgubim (*pfv. a.*) - to lose
izjava - statement
izlaziti, ja izlazim - to go out
izmisliti, ja izmislim (*pfv. a.*) - to make up; to invent
izmišljati, ja izmišljam - to make up; to invent
iznenađeno - surprised
izrasti, ja izrastem (*pfv. a.*) - to grow up

J

jače - stronger
jadan, jadna, jadno (m/f/n) - poor
jasno - clearly
javljati se, ja se javljam - to answer
jedno vreme - awhile, for a while
jednom - once

jednosložni (m) - unanimous
jednostavno - simple
juče - yesterday

K

kajsija - apricot
kako - how; kako je njemu - how is he
kamilica - chamomile
kao - such as, as
kao da - as if
kašalj - cough
kašljati - to cough
kasnije - later
kauč - couch
kiša - rain
kladiti se, ja se kladim - to bet
klimati, ja klimam - to nod
klupa - bench
kod - by
koketirati, ja koketiram - to flirt with so.
kolač - cake
koliko puta - how many times
komšiluk - neighbourhood
kontrolisati, ja kontrolišem - to control
koristiti, ja koristim - to use; koristiti priliku - to take advantage of the opportunity
korpa - basket
koštica - core
kraj - end; do kraja - till the end; na kraju - at the end
kraj - next to, by
kratko - short
kratkog → nakon kratkog - after while
krenuti, ja krenem - to get started
kretati se, ja se krećem - to move

krivo → biti u krivu - to be wrong about sth.
kruška - pear
krv - blood; to im je u krvi - that´s in their blood
krvni pritisak - blood pressure
kuća - house
kuvanje - cooking
kuvarica - cook (*female*)

L
laž - lie
lekar - doctor
leto - summer
ležati, ja ležim - to lie
lice - face
ličiti, ja ličim - to resemble, to be similar to

Lj
ljubazno - nice
ljut, ljuta, ljuto (m/f/n) - angry, mad
ljutito - angry, mad

M
malopre - recently, lately, before, just
maštati, ja maštam - to dream awake
me - (*acc.*) me
mene - (*acc.*) me
mešati se, ja se mešam - to interfere
mesto - place
metalan, metalna, metalno (m/f/n) - metallic
micati, ja mičem - to move
mir - quiet
miris - fragrance
mirne vode → dovesti razgovor u mirne vode (*phrase*) - to calm down a conversation

mirno - quiet
misao (pl. misli) - thought
misli (pl.) - thoughts
misliti, ja mislim - to think
mlad, mlada, mlado (m/f/n) - young
mlečni šećer - lactose
mnogi (pl.) - many
mobilni (telefon) - mobile phone
moći, ja mogu - can; PPA: mogao, mogla, moglo
moderan, moderna, moderno (m/f/n) - modern
moguće - possible
morati, ja moram - must
možda - perhaps
mrmljanje - murmur
muž (pl. muževi) - husband

N

nađu se - they meet; inf. naći se, ja se nađem (*pfv. a.*) - to meet (*intentionally*)
naglas - loud
nagnuti se, ja se nagnem (*pfv. a.*) - to bend over something
najavljivati, ja najavljujem - to announce
najbolja (f) - best
najmanje - at least
najstariji, najstarija, najstarije (m/f/n) - the oldest
nakon kratkog - after a short time
namera - intention, purpose; ona ima nameru - she´s planning to
nameštaj - furniture
namestiti, ja namestim - to set
napad - attack
napolju - outside
napraviti, ja napravim (*pfv. a.*) - to do, to make
narandža - orange
naslanjati, ja naslanjam - to lean

naslov - title
nasmejati se, ja se nasmejem - to laugh
nastaviti, ja nastavim (*pfv. a.*) - to continue
naučiti, ja naučim (*pfv. a.*) - to learn
navika - habit
nazad - back
nazvati, ja nazovem (*pfv. a.*) - to call
nećkati se, ja se nećkam - to vary
neko - somebody
nema - there is no
nemati, ja nemam - to not have
neobičan, neobična, neobično (m/f/n) - unusual, funny
nepredvidljiv, nepredvidljiva, nepredvidljivo (m/f/n) - unpredictable
neprijatelj - enemy
neprijateljski - hostile
nervozan, nervozna, nervozno (m/f/n) - nervous
nesreća - bad luck
neugodno - unpleasant
neugodnost - embarrassment
neverica - doubt
nezdrav, nezdrava, nezdravo (m/f/n) - unhealthy
ni - either
nikakav - not at all
niko - nobody
nikuda - nowhere
ništa - nothing
no - but
nos - nose
nositi, ja nosim - to carry
novine - newspaper

O

o - about

običan, obična, obično (m/f/n) – usual, common
obično – usually, common; duže nego obično – longer than usual
objasniti, ja objasnim (*pfv. a.*) – to explain
objašnjavati, ja objašnjavam – to explain
objašnjenje – explanation
oblačno – cloudy
obrisan, obrisana, obrisano (m/f/n) – wiped, mopped
obrisati, ja obrišem (*pfv. a.*) – to wipe, to clean, to mop up
očekivati, ja očekujem – to expect
oči (pl.) – eyes
očito – obviously
odgovarati, ja odgovaram – to answer
odlaziti, ja odlazim – to go, to go away
odložiti, ja odložim (*pfv. a.*) – to lay down
odlučan, odlučna, odlučno (m/f/n) – determined
odlučiti, ja odlučim (*pfv. a.*) – to decide
odlučivati, ja odlučujem – to decide
odmah – immediately, at once, right away
oduševljen, oduševljena, oduševljeno (m/f/n) – excited
oduvek – since always
odvajati, ja odvajam – to separate, to sort out
odvesti, ja odvedem (*pfv. a.*) – to bring
ohladiti, ja ohladim (*pfv. a.*) – to cool
oko – approximately
okrenuti, ja okrenem (*pfv. a.*) – to turn around
okretati se, je okrećem – to turn
ona – she; (f) the one
onaj, ona, ono (m/f/n) – that
onda – than
opasnost – jeopardy, danger
opklada – bet
osećati se, ja se osećam – to feel
osetiti se, ja se osetim (*pfv. a.*) – to feel
osim toga – besides

osnovati, ja osnujem (*pfv. a.*) - to found
osorno - gruff
ostali - the others
ostaviti, ja ostavim (*pfv. a.*) - to let, to forget
oteti, ja otmem (*pfv. a.*) - to kidnap
otkad - since when
otrovan, otrovna, otrovno (m/f/n) - toxic, poisonous
otvoriti, ja otvorim (*pfv. a.*) - to open
ozbiljno - seriously

P

pa - and; (*used as emphasis of statement*) well, but
pala - fallen; inf. pasti, ja padnem (*pfv. a.*) - to fall
pametan, pametna, pametno (m/f/n) - clever, intelligent
par - couple, a few
patos - floor
paziti, ja pazim - to look out for so.; paziti jedni na druge - to look out for each other
pažnja - attention
pega - freckle
pekao - baken; inf. peći, ja pečem - to bake
pekmez - jam, jelly
pere - she washes; inf. prati, ja perem - to wash; prati sudove - to wash the dishes
petkom - Fridays
pevati, ja pevam - to sing
pijaca - fresh prouduce market
pijan, pijana (m/f/n) - drunk
pitanje - question
pitati, ja pitam - to ask
ples - dance
pobuna - revolt, indignation
početi, ja počnem (*pfv. a.*) - to begin
počinjati, ja počinjem - to begin

podignuti, ja podignem (*pfv. a.*) – to lift
pogled – look
pogledati, ja pogledam (*pfv. a.*) – to take a look
pogrešno – false
pojam – term; nemati pojma – to have no clue
pojesti, ja pojedem (*pfv. a.*) – to eat
poklon – gift, present
poklopac – lid
pokušavati, ja pokušavam – to try
policija – police
polutiho – in a low voice
pomaknuti se, ja se pomaknem (*pfv. a.*) – to move
pomisliti, ja pomislim (*pfv. a.*) – to think, to occure
pomoći, ja pomognem (*pfv. a.*) – to help
ponašanje – behaviour
ponašati se, ja se ponašam – to behave
poneti, ja ponesem (*pfv. a.*) – to take with
ponoviti, ja ponovim (*pfv. a.*) – to repeat
ponovo – again
porodica – family
posao – work, job; imati puno posla – to have a lot to do
posebno – especially
poslastičarnica – pastry shop
posle – after
poslužavnik – tray
postajati, ja postajem – to become, to get
postepeno – by and by, gradually
posuda – container; posuda za šećer – sugar bowl; posuda za mleko – milk churn, milk can
potajno – secretly
potpun, potpuna, potpuno (m/f/n) – completely
potpuno – completely
potrošiti, ja potrošim (*pfv. a.*) – to spend
potvrditi, ja potvrdim (*pfv. a.*) – to confirm

potvrđivati, ja potvrđujem - to confirm
povremeno - occasionally
pozdrav - greeting
pozornost - attention
prašina - dust
prastar, prastara, prastaro (m/f/n) - age-old, aged
pravac - direction
pravdati se, ja se pravdam - to justify, to explain oneself
praviti, ja pravim - to do, to make; praviti se važna - to boast
pravo - right; biti u pravu - to be right
pre - before, previously
prehladiti se, ja se prehladim (*pfv. a.*) - to catch a cold
prekidati, ja prekidam - to interrupt, to break
Prestanite! - Stop it!
prestati, ja prestanem (*pfv. a.*) - to stop
pretiti, ja pretim - to threaten
previše - too much
pričati, ja pričam - to talk
pričati, ja pričam - to say; može da priča šta hoće - she can say what she wants
pričljiv, pričljiva, pričljivo (m/f/n) - gassy, gossipy
prijati, ja prijam - to taste good
prikriti, ja prikrijem (*pfv. a.*) - to cover, to suppress
prilika - opportunity; koristiti priliku - to use an opportunity
primetiti, ja primetim (*pfv. a.*) - to notice
primiti, ja primim (*pfv. a.*) - to finger, to catch hold of so./sth.
priznati, ja priznam (*pfv. a.*) - to admit
probuditi, ja probudim (*pfv. a.*) - to wake up
prodavačica - saleswoman
prohladno - chilly
prolaziti, ja prolazim - to pass by
promatrati, ja promatram (*pfv. a.*) - to watch
promrmljati, ja promrmljam (*pfv. a.*) - to mumble
proslava - party

prošlu nedelju - last week; last Sunday
prošlu subotu - last Saturday
protuargement - counter-argument
provoditi, ja provodim - to spend time
prozor - window
prst - finger; prstom - with the finger
prva (f) - the first
psuju - they rant ; inf. psovati, ja psujem - to rant
ptica - bird
puno - much; imati puno posla - to have a lot to do

R

raditi se, ja se radim - to be about sth.
rado - gladly
raspoloženje - mood
razlog - reason, cause
razmišljati, ja razmišljam - to think
reagovati, ja reagujem - to react, to respond
reci mi! - tell me!
rekla - told; inf. reći, ja kažem - to tell
rodbina - relatives
rub (pl. rubovi) - edge
ruka - hand; arm
ružan, ružna, ružno (m/f/n) - ugly

S

sajt - web page
sam, sama, samo (m/f/n) - alone, oneself; same od sebe - by themself
samouvereno - self-confidently
sastojati se od, ja se sastojim od - to consist of
savršen, savršena, savršeno (m/f/n) - perfect
saznati, ja saznam (*pfv. a.*) - to find out
se - myself, yourself, etc.; one (*impersonal subject*)

sećati se, ja se sećam - to remember
sediti, ja sedim - to sit
selo - village; na selu - in the countryside
servis za čaj - tea service, tea set
shvatati, ja shvatam - to understand
sit, sita, sito (m/f/n) - full up
skliznuti, ja skliznem (*pfv. a.*) - to slip, to glide
skočiti, ja skočim - to jump
skupljati, ja skupljam - to collect
skuvati, ja skuvam (*pfv. a.*) - to cook
slab, slaba, slabo (m/f/n) - weak
slabo - weak, bad; slabo mu je - he feels bad
slatki, slatka, slatko (m/f/n) - sweet
slaviti, ja slavim - to celebrate
slavlje - party, celebration
slediti, ja sledim - to follow
slobodan, slobodna, slobodno (m/f/n) - free
slovo - letter
slušati, ja slušam - to hear
smeće - rubbish
smeh - laugh
smejati se, ja se smejem - to laugh
smešan, smešna, smešno (m/f/n) - funny
smeškati se, ja se smeškam - to smile
smesti se, ja se smetem - to mislead
smeti, ja smem - may
smiriti, ja smirim (*pfv. a.*) - to calm down
smirivati, ja smirujem - to calm down
smrditi, ja smrdim - to stink
soba - room
sobna vrata - room door
sok (pl. sokovi) - juice
spašen, spašena, spašeno (m/f/n) - saved
spasonosan, spasonosna (m/f) - saving (idea), rescuing (thought)

spavati, ja spavam – to sleep
sprat (pl. spratovi) – floor
spremno – ready
sreća – luck
stalno – constantly, always
stan (pl. stanovi) – flat
stanovati, ja stanujem – to live
stariji, starija, starije (m/f/n) – older
staromodan, staromodna, staromodno (m/f/n) – old-fashioned
stavljati, ja stavljam – to put
sto (pl. stolovi) – table
stoji – he/she stands; inf. stajati, ja stojim – to stand
strana – side; pogledati sa svih strana – to look from all sides
strašan, strašna, strašno (m/f/n) – terrible
stvar – thing
stvarno – really
sunčano – sunny
sušiti, ja sušim – to dry
svađa – argument, quarrel, confict
svađati se, ja se svađam – to argue, to fight
svadljiv, svadljiva (m/f) – quarrelsome
svaki, svaka, svako (m/f/n) – each
svako – everybody
sve – everything
sve manje ljudi – always less people
svet – world
svež, sveža, sveže (m/f/n) – fresh
svi – everybody
svoj, svoja, svoje (m/f/n) – own

Š

šansa – chance
šaren, šarena, šareno (m/f/n) – colorful
šljiva – plum

šokiran, šokirana (m/f) - schocked
šoljica - cup
šta - what; that

T

tačan, tačna, tačno (m/f/n) - right, correct
tačka - point, dot
taj, ta, to (m/f/n) - this
takođe - too, also
tamo - there
tebe - (*acc.*) you
temperatura - fever
tetka - aunt
teza - thesis
tiho - quiet
tišina - silence
topli, topla, toplo (m/f/n) - warm
toplo - warm
tresti, ja tresem - to shake
tu - here; (f) this
tužan, tužna, tužno (m/f/n) - sad
tvrditi, ja tvrdim - to claim

U

učiniti se, ja se učinim (*pfv. a.*) - to appear, to seem
ućutati, ja ućutim (*pfv. a.*) - to keep silent
udariti, ja udarim (*pfv. a.*) - to hit; udariti u glavu - to come up in the head
udovica - widow
udubljen, udubljena, udubljeno (m/f/n) - recessed
uglas - unanimously
ujutro - in the morning
ukinuti, ja ukinem (*pfv. a.*) - to abolish
umiriti se, ja se umirim (*pfv. a.*) - to calm down

unapred - in advance
unikat - unique, single copy
uopšte - anyhow, in general
uostalom - anyway, after all
uplašen, uplašena, uplašeno (m/f/n) - frightened
upravo - just
uređen (m) - furnished
uspeti, ja uspem (*pfv. a.*) - to make, to do
uspevati, ja uspevam - to make, to do
uspraviti se, ja se uspravim (*pfv. a.*) - to get up
usput - by the way
ustati, ja ustanem (*pfv. a.*) - to stand up
uvek - always
uvreda - insult
uvređen, uvređena, uvređen (m/f/n) - offended
uzbuđen, uzbuđena, uzbuđeno (m/f/n) - excited
uzbudljivo - exciting
uzdah - sigh
uzdisati, ja uzdišem - to sigh
uživati, ja uživam - to enjoy
uznojiti se, ja se uznojim (*pfv. a.*) - to sweat
uzvraćati, ja uzvraćam - to reply

V

vani - outside
važno - important
važnost - importance
već - already
veran, verna, verno (m/f/n) - faithful
verovati, ja verujem - to believe, to think
verovatno - probably
veselo - cheerfully
veza - connection; kakve to sad ima veze? - what does that have to do with it?

veza - connection; nema veze - it doesn´t matter
vic (pl. vicevi) - joke
viče - he/she screams; inf. vikati, ja vičem - to scream, to shout
vlasnik - owner
voće - fruits
voćka - fruit tree
voleti, ja volim - to love, to be fond of
vredan, vredna, vredno (m/f/n) - diligent
vreme - time; weather
vreo (m) - hot
vrh - top, peak; na vrhu - on the top
vršnjak - peer

Z

za - for; za nju - (*acc.*) for her
zaboraviti, ja zaboravim (*pfv. a.*) - to forget
zabrinut, zabrinuta (m/f) - worried
zabrinuto - worried
začuđeno - amazed, astonished
začuditi se, ja se začudim (*pfv. a.*) - to astonish, to amaze
zadnji, zadnja, zadnje (m/f/n) - the last
zadovoljan, zadovoljna, zadovoljno (m/f/n) - satisfied
zajednički, zajednička, zajedničko (m/f/n) - common, collective
zaključak - conclusion
zaljubljen (m) - in love
zaobići, ja zaobiđem (*pfv. a.*) - to walk around
zapravo - actually
zaštita - protection
zato - because
zatvor - jale, prison
zatvoriti, ja zatvorim - to lock
zatvoriti, ja zatvorim (*pfv. a.*) - to close
zavidno - envious
završiti, ja završim (*pfv. a.*) - to end, to finish

zbog - because
zdrav, zdrava, zdravo (m/f/n) - healthy
zemlja - ground
zlo - bad; njemu je zlo - he feels sick
zlovoljno - morosely
značiti, ja značim - to mean
znak - sign
znati, ja znam - to know; to know so.; to do
znatiželja - curiosity
znoj - sweat
znojati se, ja se znojim - to sweat
zvati, ja zovem - to call; to be called, to be named

Ž

živ, živa, živo (m/f/n) - live, alive
život - life
žurka (*coll.*) - party

Visit us on:

www.serbian-reader.com

Printed in Great Britain
by Amazon

28576991R00056